SUITE AUX CONSIDÉRATIONS

SUR L'ARCHITECTURE

DANS SES RAPPORTS

AVEC LA LITURGIE

PAR

M. MOREL DE VOLEINE.

LYON
IMPRIMERIE D'AIMÉ VINGTRINIER
Rue de la Belle-Cordière, 14.

1863

SUITE AUX CONSIDÉRATIONS

SUR L'ARCHITECTURE

DANS SES RAPPORTS

AVEC LA LITURGIE.

Cette suite aux *Considérations sur l'architecture dans ses rapports avec la liturgie* a été amenée par un article de M. Charvet, inséré dans la *Revue du Lyonnais*, en juin 1861; elle n'est autre chose que la réponse faite à M. Charvet, dans la même *Revue*, aux mois de novembre et décembre suivants, réponse amplifiée, remaniée et dégagée de toutes les phrases qui se rapportaient directement aux objections de notre honorable contradicteur, et seraient incompréhensibles sans la présence du texte même de son article.....

Cette suite, en outre, a pour objet spécial certains travaux exécutés à Lyon depuis lors, et notamment la toiture de Saint-Jean; les critiques nombreuses auxquelles cette terminaison insolite de notre église primatiale a donné lieu, donnent quelque à propos aux considérations générales écrites antérieurement pour la *Revue* et nous ont engagé à les réunir en une nouvelle brochure, parce que l'apparition de cette toiture nous semble le funeste présage d'un système de modifications projetées pour notre cathédrale, parce que cet entraînement pour des beautés étrangères, lui enlèveront s'il n'est pas tempéré, toute sa valeur historique, toute sa signification liturgique, et en même temps son caractère grave, pittoresque et essentiellement lyonnais.

I.

Donc, lorsqu'il s'agit d'un sujet d'histoire et d'esthétique locale, évitons les minuties archéologiques et procédons, non par analyse mais par synthèse. L'intelligence d'un ensemble donne l'intelligence des détails, tandis que la connaissance des détails est insuffisante pour reconstruire l'ensemble. C'est ce qui rend incomplet beaucoup de traités d'archéologie, malgré la prodigieuse érudition de leurs auteurs. Ils ont scruté les moindres pierres avec amour et patience ; mais ayant mis de côté l'histoire, la liturgie et les traditions, ces pierres sont restées pour eux une lettre morte ; les architectes qui les ont suivis ne sont arrivés qu'à un résultat matériel de copistes, le secret vital des anciennes constructions leur a échappé.

Gardons-nous aussi de citer des autorités étrangères, pas plus M. Viollet-Leduc, que Robert de Luzarches, Erwin de Steinbach et Eudes de Montreuil. Ce sont de grands artistes, ils méritent toute notre considération, mais les uns sont morts depuis longtemps, et nous ne connaissons pas bien le fond de leurs idées, peut-être s'ils eussent été chargés de bâtir une cathédrale à Lyon, l'eussent-ils faite semblable à la cathédrale actuelle ou du moins d'après les mêmes principes et nullement comme les constructions auxquelles leurs noms sont attachés. Quant à M. Viollet-Leduc, dont on semble s'autoriser, (1) pour justifier les innovations qui dénaturent nos édifices, c'est, sans aucun doute, un écrivain d'une haute valeur, la position élevée qu'il occupe dans la hiérarchie administrative est justifiée par un mérite transcendant, néanmoins, en ce qui regarde Lyon, je préfèrerais l'opinion, non des plus célèbres architectes ou archéologues, mais de ceux qui ont le plus sérieusement étudié les sites et l'ensemble monumental du vieux Lyon, de Lyon *avant le progrès*, et connaissent, au moins pour y avoir assisté, les offices et les cérémonies religieuses de ce diocèse. Sans cela, il n'est pas possible, il me semble, de trancher, *ex abrupto*, une question d'architecture religieuse dans cette ville, si radicalement différente en toutes choses de Paris, de Strasbourg, d'Amiens ou de Rouen.

Et d'abord, puisque la liturgie intervient dans cette question et de l'aveu de tous, modifie et domine les règles générales de l'art, définissons ce mot dont le sens pourrait être mal interprété par les lecteurs.

Le mot liturgie, du grec *leiturgia, œuvre du ministère public*, désigne toutes les cérémonies qui se rapportent au culte et à l'office divin. Or, le culte et l'office divin, dans l'Eglise catholique, sont bien *uns* dans leurs parties fondamentales et essentielles ; mais leurs formes varient beaucoup selon les pays où ils s'exercent ; en France même, ils présentent des différences, et comme j'ai essayé de le démontrer dans les opuscules précédents, on n'officie pas à Lyon de la même manière que dans la plupart des autres diocèses. Si donc la liturgie peut et doit avoir quelque influence sur les dispositions du plan du sanctuaire, afin d'être exercée convenablement, ce qui est hors de doute, cette influence

(1) Articles de M. Jamot et Hirsch dans le *Courrier de Lyon* et le *Salut Public* relativement à la toiture de St-Jean.

rayonnera sur toutes les parties de l'édifice qui doivent être les accessoires et comme les conséquences du sanctuaire. A Lyon, les rites étant plus graves, plus majestueux, plus empreints de réminiscences de l'antiquité, l'architecture devra aussi repousser cette complication d'ornement et cette exagération de légèreté qui distingue les cathédrales célèbres du nord. Quant aux motifs qui font que tel ou tel rite particulier se pratique dans un diocèse, nous n'avons pas à nous en occuper ici, nous n'avons donc qu'à citer les faits. Ainsi, la première partie de la messe, selon le rite de la primatiale de Saint-Jean, est d'une simplicité qui commande évidemment la même simplicité dans l'autel. Tout le monde le sait, à Lyon, rien ne paraît sur l'autel, que la croix et les six chandeliers, (si on en augmente le nombre, c'est une innovation et une dérogation aux règles). (A) Le Saint-Sacrement n'est pas exposé, et l'usage, sauf quelques circonstances plus fréquentes en ces derniers temps, est d'aller le chercher pour la bénédiction dans la chapelle *sub titulo crucis* (B), où on le rapporte après. Il ne paraît pas de calice jusqu'à l'offertoire ; le diacre alors l'apporte au prêtre officiant et il n'est couvert ni de la pale ni du voile mais du simple corporal ; on ne donne pas la communion aux fidèles, la messe étant capitulaire. Donc il n'y a aucune raison de mettre ni tabernacle, ni niche d'exposition, ni aucun de ces ornements qui seraient en contradiction avec l'austérité du rite. L'usage de ne pas avoir de tabernacles et de conserver les saintes espèces dans une chapelle spéciale, existe dans d'autres métropoles : les tabernacles sont récents. Rien n'empêche d'en mettre dans les paroisses et les chapelles, mais à Saint-Jean, il serait contraire sinon au bon goût, chose susceptible d'appréciations différentes, mais à la liturgie et à l'histoire.

J'ai avancé qu'à Lyon, on avait eu de tout temps des autels d'une grande simplicité (C). J'avais de bonnes raisons pour cela, et j'ai cité en faveur de cette assertion assez de documents tirés d'auteurs graves et accrédités ; aujourd'hui même, malgré le déclin de toutes les prescriptions religieuses, ils sont encore fort réguliers relativement aux autels des autres diocèses.

Si les anciens autels ont disparu dans le siècle dernier, il nous en reste des descriptions et des images. Ne tenons pas compte en tout ceci de l'architecture, de l'ornementation et des usages des communautés religieuses qui ne s'astreignaient point à la règle du diocèse ; considérons surtout la figure de l'autel de Saint-Jean, conservée en tête de tous les missels anciens, et la représentation encore plus caractéristique de l'abside et de l'autel de Saint-Etienne, avec son *rastellarium* ; elle a été reproduite dans le Cérémonial de Lyon, ouvrage fort utile à consulter (D).

On abandonne l'usage des parements, parce qu'en général on se méprend sur les motifs qui les avaient fait adopter. Leur but n'était pas le but économique de dissimuler la pauvreté de la matière et du travail de l'autel, car ils sont assez dispendieux d'établissement et d'entretien ; mais d'honorer les reliques qu'il contenait en les entourant d'étoffes précieuses ; c'est un usage antique que l'Eglise tient à conserver ; ils ont de plus l'avantage d'indiquer par leur couleur le temps de l'année (E) liturgique où l'on se trouve. Pourquoi ne suffiraient-ils pas au luxe moderne quand ils ont suffi à tant d'illustres basiliques aux temps de leur splendeur ? C'est ce que je ne puis comprendre, je l'avoue ; il y a tant de raffinements nouveaux que je ne comprends pas qu'un de plus n'a rien qui doive surprendre de ma part. Or, si l'autel est revêtu de parements, selon la règle et l'usage antique, les sculptures deviennent parfaitement inutiles. J'en suis fâché pour nos sculpteurs lyonnais dont j'apprécie le talent, et qui les exécutent avec un sentiment chrétien que l'on n'égale pas dans les autres villes, mais la vérité est, que cet engouement général pour l'enjolivement est dû, plutôt à l'influence mondaine, qu'aux prescriptions ecclésiastiques.

Le cérémonial catholique, et surtout celui de Lyon, a tout prévu, jusqu'aux moindres détails, gradins, luminaire, fleurs, dimensions, qualités des ornements ; il est précis sur tout cela ; et comme, selon une judicieuse observation de M. Charvet, l'architecture doit être la *servante des besoins de la liturgie*, il en résulte que l'architecte doit consulter avant tout le cérémonial de son diocèse, et ne pas importer dans le sanctuaire des fantaisies contraires à ses prescriptions et à son esprit, quelques brillantes qu'elles puissent être d'ailleurs.

L'architecture est le premier des arts et les résume tous dans une magnifique synthèse ; ajoutons à cette éloge que l'architecte ne déroge pas en aidant l'Église au maintien de ses traditions, au lieu de les précipiter petit à petit dans l'oubli par des innovations, innocentes au premier aspect, et subversives en réalité. J'ajouterai même que l'architecte, étant par la nature de son art un homme de science et de goût, doit guider et maintenir, dans cette voie de respect envers le passé local, les membres du clergé qui seraient portés à s'en écarter, soit par l'envie de trop bien faire, soit par un détachement trop absolu des choses extérieures, soit par une tendance à céder devant les lois de la mode.

II.

Or, quelle est la loi générale de l'architecture religieuse à Lyon ? D'où procèdera son style ayant à se manifester dans une région mixte ? Ses affinités seront-elles au nord ou au midi ? Pour le savoir laissons l'étude des pierres isolées, et sans nous préoccuper de chacune d'elles, parce que, prises en détail, elles peuvent bien n'être l'expression que d'une fantaisie particulière, envisageons leurs réunions et cherchons la pensée qui les a groupées en un monument.

L'origine de Lyon comme cité catholique est greco-latine. Les premiers fondateurs de son Eglise sont Grecs, presque tous ses autres évêques et ses martyrs sont Romains d'origine ou appartiennent à la civilisation romaine (1). Cette glorieuse période de la fondation du christianisme, dans les Gaules, doit être rappelée par le style des édifices religieux, jusqu'à ce que le christianisme soit anéanti, jusqu'à ce qu'une idole infâme soit venue remplacer, sur nos autels, le signe du Christ victorieux.

L'Eglise n'abandonne jamais ses traditions, elle a donc dû tenir à conserver celles là, de même que les rites commémoratifs qui en font partie. Rites et souvenirs commandaient en quelque sorte le style de l'architecture.

Il est remarquable qu'après tant de bouleversements et d'attaques de la part de ses ennemis et de ses amis inconsidérés, l'Eglise de Lyon ait gardé des rites qui remontent à son berceau et sont d'origine orientale ou romaine (2), protestation permanente contre toute empreinte du nord et de ses usages. Le toit aigu, imposé à des enfants de l'Asie mineure et

(1) Grecs : Saint Pothin, saint Irénée, saint Polycarpe, saint Epipoix.

Latins : saint Lupicien, saint Nizier, saint Lambert, saint Alexandre, saint Rustique, sainte Consorce, saint Viventiol, saint Sidoine Appolinaire, saint Minerve, saint Elpide, saint Patient, saint Alpin, saint Ennemond, saint Ethère, saint Viateur, saint Genès, saint Eucher.

(2) Il est difficile de ne pas reconnaître dans les orfrois des thuriféraires un souvenir de l'éphod des Hébreux, et dans la manière de porter le pain bénit à la Primatiale une réminiscence des pains de proposition. (Voir la *République des Hébreux*, par Cuneus. Amsterdam, 1705.— *Hist. des Juifs*, de Flavius Josèphe. Amsterdam, 1681.)

de Rome (enfants au figuré et un peu en réalité par le sang et par le langage), serait un signe de la conquête barbare des Francs, une décadence et non un progrès.

Toutes les fois que l'inspiration lyonnaise est restée libre, dégagée de la pression administrative, de l'influence toujours passagère à Lyon des modes parisiennes, elle s'est tournée du côté des régions méridionales dans l'architecture comme les lettres et le langage. Lyon est riche en débris de la puissance romaine ; l'architecture romaine et bizantine (ces deux termes ne sont pas exacts ici, mais je les emploie pour éviter une longue dissertation) ont laissé de nombreuses traces, la renaissance italienne s'y révèle par de précieuses constructions. Il y a dans les vieux quartiers certaines maisons qui rappellent l'art le plus correct et le plus sévère de Florence, les campagnes offrent des réminiscences des fabriques italiennes, mais du moyen âge pointu on n'en voit pas. Les restes d'ornementation du XVe siècle sont toujours unis à des constructions sans rapport avec les constructions du nord, et dont les types se multiplient au contraire en allant au midi, à Vienne, à Valence, etc.; à Lyon, point de pignons, point de saillies de bois sur la rue, point de découpures sur les faîtages qui conservent un caractère monumental dû à l'horizontalité et à l'abaissement de la toiture. Pourtant, il n'est presque pas de curé aujourd'hui qui, avec les meilleures intentions du monde, ne veuille avoir sa petite flèche, comme sa petite musique, son petit toit d'ardoises à crête de zinc, et son petit chemin de croix en carton-pierre bariolé de couleurs.

C'est à l'architecte à leur faire comprendre l'abus de cet excès de zèle, à leur montrer ce cortège de choses compromettantes pour la dignité du culte, entrant par la moindre porte entr'ouverte, entr'ouverte par qui ? par ceux qui enfreignent les règlements et méprisent les usages.

III.

Je reviens en insistant sur un point déjà indiqué et qui me semble important.

Dans l'Eglise catholique, seule en possession de la vérité en tout et de toute la vérité, les rites sont intimement liés entre eux, liés à tout ce qui leur est subordonné et tous puisent leur raison d'être dans un fait historique ou une signification mystique, aucun n'est le produit du hasard, de la fantaisie ou d'une simple idée artistique. On ne peut témérairement ni en supprimer ni en altérer un seul sans risque de faire jaillir une grosse perturbation sur tout l'ensemble du culte public, et c'est pour cela que l'Eglise de Lyon se vantait de ne pas admettre les nouveautés ; en ce sens, non pas qu'elle restât stationnaire et dans l'immobilité de la mort, ni qu'elle fût au XVIIe siècle la représentation exacte de ce qu'elle était au Xe, cela eût été absurde et impossible ; mais en ce sens qu'elle ne modifiait ses règles qu'après l'épreuve d'une mûre expérience, qu'elle marchait prudemment, n'accordant que ce qui lui paraissait indispensable, et conservant, malgré l'introduction obligée de certaines modifications, le même esprit, la même règle sur les points importants, et la même indépendance vis-à-vis des exigences factices du monde extérieur.

Les rites, cela est incontestable, ne doivent pas être subordonnés à l'architecture ; mais l'architecture doit être telle que l'exécution des rites soit possible et en harmonie avec elle ; celui des deux qui introduit une nouveauté entraîne l'autre, et quel est celui qui est en possession de ce droit de modifications ou de perfectionnements ? Est-ce l'Académie des beaux-arts ou la Congrégation des rites ? C'est pour cela que les villes où l'on admire les plus belles cathédrales selon le goût dominant, sont précisément celles où les traditions liturgiques se sont le plus effacées, où le service divin s'accomplit avec le plus de négligence, sinon avec la pompe la plus profane et la plus mondaine quand il faut absolument rehausser l'éclat d'une solennité. Que l'on assiste à une grand'messe à Notre-Dame, à Bourges, à Amiens, à Rouen, puis à Saint-Jean de Lyon, et que l'on dise où l'on aura trouvé, non le meilleur orchestre, non les chanteurs les plus en vogue, non la plus grande profusion de décors et de dorures, mais la gravité la plus édifiante, l'ordre le plus parfait et le véritable esprit des cérémonies religieuses !

Or, les anciens rites observés à Lyon imposent un mode spécial d'architecture qui en devient comme la continuation, comme l'expression matérielle permanente. Le siége du prélat, conservé au fond de l'abside, sa vraie place, selon l'histoire et la raison, est un fait important duquel dérive tout le plan de l'église ; il indique l'abaissement de l'abside qui doit former comme une espèce de niche au-dessus de son trône et de l'autel ; il indique le peu d'élévation de l'autel et des chandeliers, l'absence de tabernacle et de lutrin qui intercepteraient sa vue aux assistants, il indique la place de ses co-officiants en demi-cercle autour de lui et celle du chœur alternatif rangé de chaque côté en avant de l'autel et non groupé en une seule masse ; il indique l'absence du *deambulatorium* qui crée une autre partie d'église, ou complétement inutile ou à laquelle il ne présiderait plus et tournerait le dos. Ajoutons que cette disposition se trouve être aussi la plus belle comme aspect. Je ne connais rien de plus majestueux que cet ensemble de clergé (et non de comparses déguisés en prêtres) échelonnés par degrés depuis les clercs inférieurs jusqu'au pontife qui les domine, et rien de plus disgracieux que ce trône latéral rompant l'harmonie des lignes, changeant l'ordre des places et présentant des évolutions de profil.

SUITE AUX CONSIDÉRATIONS

SUR L'ARCHITECTURE

DANS SES RAPPORTS

AVEC LA LITURGIE.

V

Mais l'abside élevé à la hauteur de la grande nef a amené la prolongation des nefs latérales autour du chœur; cette prolongation a chassé le trône et l'évêque, repoussé l'autel soit en avant du chœur, soit au fond même en détruisant son isolement, en l'entourant d'un échafaudage de décorations absurdes. Tout a été brouillé, le clergé officiant et le clergé assistant; l'ordre traditionnel des cérémonies a été remplacé par un ordre variable, combiné pour le seul effet des spectateurs, pour la convenance des pupitres et des contre-basses. Alors, il est vrai de le dire, l'église a subi les influences antiliturgiques du monde; le monde aime la nouveauté et le changement, à passer du grave au doux, du plaisant au sévère, et voilà pourquoi après les théories grecques on a essayé de copier les manuscrits du moyen âge; affaire de bric-à-brac. Il ne devrait rien avoir de tout cela, parce que les détails, expression caractéristique de chaque époque, doivent être, à l'église, subordonnés à l'ensemble qui est immuable et au-dessus des questions de temps.

On a dit que l'élévation de l'abside à la hauteur de la grande nef était un perfectionnement. Selon plusieurs architectes, fort instruits dans l'art ogival, mais moins soucieux de la véritable architecture religieuse que de leurs théories, lorsque ces parties ne se trouvent pas au même niveau, il faut en conclure inévitablement que cette différence résulte d'une différence d'idées chez les constructeurs, et non d'une règle ou d'une tradition. Le chœur achevé, on a fait la nef d'après une nouvelle mode en se contentant de la raccorder le mieux possible.

Cette explication peut et doit être vraie en certains cas; admise en principe, elle me semble plus extraordinaire et bien moins simple que la mienne. Saint-Jean n'a pas été construit en un jour; beaucoup d'églises sont dans le même cas et ne présentent pas cette différence d'élévation. Chose remarquable,

On la trouve surtout dans les provinces où le clergé avait le plus de pouvoir et de prépondérance, en tant que clergé de nom, comme possesseur de fiefs ou de dignités laïques (F). Il faut bien distinguer ces deux choses : sous l'ancien régime, dans l'ordre politique, l'évêque de Langres était supérieur à l'archevêque de Lyon, car il avait la dignité de duc et pair; dans l'ordre religieux il lui était fort inférieur, lui étant soumis comme suffragant et comme relevant de sa primatie. Dans les provinces, dis-je, situées généralement au midi, plus unies avec le Saint-Siége, ayant plus de vitalité religieuse, l'époque n'exerce qu'une influence restreinte sur la disposition du plan; elle se manifeste par quelques essais d'une ornementation nouvelle, mais rarement elle modifie l'aspect général de l'édifice. Je crois même que, tandis qu'au nord on trouve des églises romanes avec le chœur élevé et le *deambulatorium*, dans le midi on trouvera des églises relativement fort récentes et conformes au plan basilical. J'ai sous les yeux une petite chapelle rurale du XVIIe siècle, elle est fort petite et n'a rien de remarquable, et je la cite uniquement parce que son abside est bien caractérisée par la forme semi-circulaire et ses dimensions moindres en hauteur et en largeur. Cette chapelle a été bâtie d'un seul jet, sans interruption, et cette disposition de l'abside scrupuleusement observée étant plus dispendieuse et plus difficile d'exécution, je conclus que l'on avait, en l'adoptant, un motif sérieux et sur lequel alors on n'élevait pas plus de doute que sur l'orientation.

IV.

L'église de Notre-Dame-des-Marais, à Villefranche, et celle de Notre-Dame-d'Espérance, de Montbrison, présentent certaines analogies avec l'église primatiale de Saint-Jean. Ces analogies sont remarquables dans un même diocèse et à quelques lieues de distance. On peut les considérer, il me semble, comme l'indication d'une règle traditionnelle s'imposant à l'ensemble du plan, tout en conservant une certaine liberté aux accessoires. Toutes deux ont un abside moins élevé que la nef ; à Villefranche il est fort bas, et son arcade est surmontée, comme à Saint-Jean, de trois ouvertures. La façade est terminée par un pignon décoratif fort aigu, masquant une toiture d'une pente très-faible. A côté du chœur, s'élève un clocher carré et massif qui ne paraît pas avoir dû servir de base à une flèche, bien qu'il soit d'une époque où l'on en faisait. La flèche, car il y en avait une, était sur le côté méridional de la façade ; elle était motivée par la position de l'église dans la partie la plus basse de la ville, bâtie elle-même au milieu d'une plaine étendue, et dont les maisons, comme à Lyon, n'étaient pas assez hautes pour contrarier l'aspect d'une aiguille (1).

Rapprochons les dates de ces églises à absides surbaissés et à toiture d'une pente faible dans une même région, celle de Villefranche est du XVe siècle, mais le chœur appartient à une construction antérieure que l'on peut reculer au com-

(1) Cette flèche vient d'être rétablie sur un modèle différent, on peut voir le dessin de l'ancienne dans les *Mémoires sur Villefranche*, de Louvel.

mencement du XIIIe siècle, car l'existence de la ville elle-même ne date que d'Humbert IV, qui vivait à la fin du XIIe.

Celle de Montbrison fut commencée en 1212 et terminée en grande partie en 1223 ; la façade et les deux dernières travées sont de 1443. La façade présente, comme à Saint-Jean, un pignon aigu qui donnerait lieu aux mêmes remarques que celui de Saint-Jean ;

Saint-Jean fut commencé vers 1130, d'après l'abbé *Jacques*, qui prend cette date dans une épitaphe de Reynaud de Sémur. La grande nef était à peu près terminée pour le concile de 1274. Les deux dernières arcades sont de la fin du XIVe siècle et la façade terminée en 1476.

Or, en prenant ces dates extrêmes 1130 et 1274, et si l'on veut 1443, on trouve dans les autres diocèses les églises importantes élevées selon le plan contraire, et ayant un *deambulatorium*, des chapelles *rayonnantes* et par conséquent la même hauteur à l'abside qu'à la nef.

On a voulu justifier le *deambulatorium* par la nécessité d'agrandir l'église pour recevoir une grande foule, permettre le développement des processions et faciliter la circulation (1) J'ai quelques objections toutes prêtes à ce sujet. D'abord on peut agrandir le plan d'une église du côté de sa façade tout aussi bien que du côté du chœur, et puis il faut remarquer que les grandes églises se trouvent précisément dans les villes qui ont toujours eu une population inférieure à celle de Lyon, à Bourges, à Chartres, à Amiens, à Beauvais dont le chœur seul achevé indique une entreprise hors de proportion avec les ressources. Ces grandes dimensions dérivent plutôt d'une lutte d'amour-propre dans l'ordre mondain que d'une nécessité. Quant aux processions, elles se font presque

(1) De l'architecture et de la liturgie, par M. L. Charvet, *Revue du Lyonnais*, juin 1861.

toutes à l'extérieur, et ce sont les plus importantes, celles de la Fête-Dieu, des Rogations, des Rameaux, de l'Assomption. La procession aux fonts, le jour de Pâques et le Samedi-Saint, n'est que pour le clergé. Notons en passant que les fonts doivent être placés dans la première chapelle à gauche en entrant, et ils sont ainsi à Lyon. Encore un souvenir de l'antiquité et des dispositions basilicales, souvent négligé par les architectes. La procession mensuelle après vêpres, dans l'église, est moderne, elle n'est suivie d'ailleurs que par les confrères du Saint-Sacrement et les hommes assistants dans le chœur. Il est vrai que, depuis la Révolution, en beaucoup d'endroits et en beaucoup de circonstances, les processions n'ont pas la faculté de sortir ; c'est là une prescription de l'autorité civile et non une règle acceptée par l'Eglise. *Faciliter la circulation!* je reviens à mon dire, l'église est un lieu de prières; on y entre, on en sort, et on ne doit y voir circuler que les touristes qui viennent, aux moments où elle est vide, en admirer l'intérieur. La vraie raison du *deambulatorium*, de l'aveu même de M. Charvet, c'est la nécessité des contreforts, issue de l'élévation du chœur, due peut-être à des influences anti-ecclésiastiques. Il en est toujours ainsi, un abus appelle un autre abus, la rupture d'un anneau détruit une chaîne entière.

On ne saurait raisonnablement admettre cet autre prétexte banal à toutes les innovations, les nécessités du temps présent. Elles ne doivent impliquer qu'une simple tolérance essentiellement révocable; on en exagère presque toujours l'importance et sous leur couvert, on admet une foule d'excentricités que le bon sens repousse quand on en examine le principe et les conséquences. Ainsi, beaucoup de gens diront que c'est une nécessité de pouvoir lire ses heures et de pouvoir déchiffrer la notation musicale plus fine et plus compliquée que celle du plain-chant, que dès lors, il faut supprimer les vitraux coloriés, obstacle à la lumière. Ils demanderont l'abaissement des voûtes, des parquets et des tentures pour avoir moins froid, des fauteuils élastiques pour être mieux assis. Et comme aujourd'hui on exige partout l'apparence sinon la réalité de l'art, et que d'un autre côté on est obligé de compter avec le budget des paroisses, on arrive d'un seul bond au carton-pierre, au plâtre, aux églises de fonte ou de bois sculpté, on les met en actions, et pourquoi pas ? On veut bien faire enterrer nos morts par des Sociétés industrielles, cotées à la bourse et donnant des dividendes ?

V.

Passons maintenant du plan intérieur de l'église à son aspect extérieur, et à la question des formes aiguës pour les clochers et les toitures, question importante à Lyon, car cette invasion des flèches et des ardoises nous semble l'invasion des Barbares venant, avec leurs idiomes pleins d'aspérités, effacer les derniers vestiges de nos origines, nous imposer leurs formes sans grandeur et sans poésie, et substituer l'art du décorateur de théâtre à l'art véritablement monumental.

Commençons par nous transporter à notre musée lyonnais, devant l'admirable toile de Grobon, représentant les quais de la Saône, puis regardons une vue plus récente de Saint-Jean et du coteau de Fourvières, fort exacte et habilement exécutée par M. Appian, d'après une photographie. Le tableau de Grobon est séduisant autant par la beauté du site que par une exécution merveilleuse. La vue de M. Appian, bien qu'elle reproduise quelques additions modernes peu favorables à l'effet, telles que la tour de Fourvières et la grande maison qui masque l'abside de l'église, est encore fort remarquable par les lignes harmonieuses des principales constructions ; aucune ne vient heurter brusquemment les lignes d'ensemble, et le palais de justice lui-même, malgré ses défauts bien connus, prend une valeur convenable dans l'aspect général.

Or, à ces deux tableaux, ajoutons par la pensée (1) un toit aigu et des flèches à la cathédrale, et mettant de côté toutes les préoccupations d'un architecte dans son cabinet, voyons si l'effet heureux obtenu par nos deux artistes ne se trouve pas compromis ? Si à la place de cette masse calme, bien composée, pleine de couleur locale, on ne rencontre pas des angles criards, découpant mal à propos l'horizon, masquant les pittoresques détails de tous les édifices fort peu aigus qui sont échelonnés sur les pentes ? Les flèches dans le paysage sont comme les peupliers, on ne les emploie qu'avec beaucoup de modération, et l'on préfère les cimes arrondies et largement découpées du marronnier et du chêne.

Venons à l'origine des flèches et des toitures aiguës ; je réunis ces deux choses ; elles ne peuvent aller l'une sans l'autre, étant la conséquence d'un même principe, de la tendance à la ligne verticale, et de l'importance donnée au faîtage qui est l'accessoire, concurremment au principal qui est le corps du bâtiment. D'où vient cette tendance, où prit-elle ses origines ? Ce n'est pas dans toutes les régions indiférremment, car les flèches, que l'on rencontre comme exception dans le midi, ont un tout autre caractère, de même que les plaines du midi bien qu'elles soient *plaines*, ne ressemblent ni par la végétation, ni par la teinte générale à celles du nord. Le clocher pyramidal d'Ainay, par exemple, n'est point une flèche analogue à celles de Rouen et de Strasbourg.

(1) Hélas ! depuis que ces lignes ont été écrites, une triste expérience est venue les justifier, et la nouvelle toiture de Saint-Jean gâte le paysage de quelque côté qu'on la regarde.

Le système aigu est particulier au nord, aux pays de *Langue d'oil* et non à ceux de *Langue d'oc*, sauf quelques cas isolés amenés par des causes inappréciables dans un coup d'œil aussi rapide.

Ne pourrait-on pas hasarder cette conjecture, que si les pays de Langue d'Oc l'on repoussé, c'est que le sentiment de l'architecture romaine y avait survécu à la chute de l'empire romain, et qu'ils ont dû préférer les souvenirs d'une civilisation antérieure aux importations barbares, à leurs yeux, des races conquérantes. Gardons-nous bien de trancher la question du nord et du midi par une question de pluie et de beau temps. Lyon restera méridional malgré toutes les intempéries des saisons. Châlons et Paris seraient au nord lors même qu'on y étoufferait. Le voyageur, parti en dormant de Lyon et se réveillant à Châlons, reconnaîtra de suite ce changement de zone, non à son thermomètre mais à l'aspect des pays, de ses constructions, de ses habitants et de leurs habitudes. Au lieu des maisons élevées, monumentales, accentuées dans leurs détails, terminées par une ligne horizontale et par la thuile aux chaudes couleurs, il trouvera des édifices bas, aux toits élevés, point de variétés dans les nuances, le blanc du plâtre et le noir de l'ardoise, une livrée de deuil, point de fortes saillies, de chétives ouvertures, des façades proprettes et sans autre caractère que celui de la minutie bourgeoise. Mâcon offre encore le mélange des deux caractères, mais à Châlons on a complètement rompu avec les aspects méridionaux. Il y a plus d'affinités sous ce rapport entre Lyon et Gènes qu'entre Lyon et Châlons. De même qu'aux oreilles lyonnaises la langue italienne semblerait moins étrangère que le patois picard ou l'accentuation parisienne.

Dans les pays plats ou fort peu accidentés, au milieu des forêts et des landes s'étendant à perte de vue, il fallait indiquer par des points culminants les habitations agglomérées et perdues dans la cime des arbres ou sous un pli de terrain.

Il fallait à l'église, comme au château, une pointe bien caractérisée pour montrer au voyageur le lieu où il pourrait trouver un asile. La flèche était l'étoile polaire sur cet océan ; première raison : car dans les pays montueux, la configuration même des montagnes est une indication, et les habitations suspendues à leurs flancs s'aperçoivent de loin.

En outre, la pierre était rare et surtout la bonne pierre, le bois, et surtout le bon bois était fort commun, les maçons inhabiles et les charpentiers fort habiles ; il en est de même de nos jours, et Lyon est encore la ville où l'on manie avec le plus de facilité et de savoir les plus gros blocs de pierre. L'emploi plus fréquent du bois conduisit au développement des charpentes et relégua la maçonnerie au second rang ; les premiéres flèches furent en bois ; plus tard les architectes trouvèrent piquant d'imiter avec la pierre les hardiesses des charpentes et y mirent leur amour propre. On a fait de magnifiques et sentimentales dissertations sur le symbolisme de flèches s'élançant vers le ciel comme la prière; je les admire au point de vue littéraire, tout en restant incrédule à l'égard de leur vérité historique, car il me semble que les régions où les flèches ne se produisirent qu'avec peine, étaient tout aussi civilisées et tout aussi religieuses que les autres.

Troisième origine : dans le Nord, on récolte surtout du blé ; il fallait de vastes greniers, de vastes toitures, et la nécessité est une des causes les plus efficaces pour arriver au perfectionnement d'un art. Dans le Midi, où pousse surtout la vigne, il fallait des caves ; de là vient l'importance donnée aux régions inférieures des habitations.

L'usage du bois ou de la pierre factice comme la brique, amena en architecture un style particulier. Laissons les Romains qui ont employé la brique en conservant aux constructions spéciales où elle entrait un cachet de grandeur et de sévérité. En France, ces matériaux ont amené l'abandon des grandes lignes et des masses imposantes : on les a remplacées par de petits détails de sculpture, par de petits jeux de couleurs.

Etudions le caractère des diverses régions, non dans les grandes villes où tout afflue, non à Paris, où les artistes italiens apportèrent leurs théories et leur pratique habile, où l'argent triomphe des difficultés matérielles, mais dans les petites villes et les bourgs. Que l'on compare nos charmantes maisons de paysans du Lyonnais (je parle des anciennes) avec leurs escaliers extérieurs soutenus par des arcades, leurs galeries qui supportent une prolongation de la toiture, leurs heureuses oppositions de lumières, d'ombres et de couleurs produites par les surfaces inégales, par le mélange de la pierre jaune, de la tuile rougeâtre et de la verdure, qu'on les compare, dis-je, avec les plus riches fermes du Berry et de la Beauce, monotones parallélogrammes, mal percés, avec leur inévitable toiture à deux pentes, reposant sur deux pignons, et je ne doute pas que l'avantage ne soit de notre côté au point de vue de l'art bien entendu, or, les églises dans les pays du Nord, procèdent des mêmes principes, avec plus de recherches dans l'ornementation, il est vrai, mais avec la même insouciance du paysage.

Le pignon de la façade de Saint-Jean, semble au premier abord et aux yeux des gothicomanes, contredire les tendances à l'horizontalité des édifices lyonnais (1). Un examen

(1) Que ce pignon fût décoratif, ou qu'il fût, selon l'opinion de M. Vays, une faute du XVe siècle, tout à fait semblable aux fautes du XIXe, il ne devait, dans aucun cas, être pris au sérieux relativement à l'économie générale de la cathédrale. L'effet obtenu par la toiture, conséquence, a-t-on dit, de ce pignon, justifie complètement nos appréhensions antérieures ; cet effet est déplorable, cette toiture est insoluble, car on ne peut pas considérer

plus attentif du rôle qu'il joue relativement à l'édifice et la date récente de sa construction convaincront du contraire. Il me semble plutôt une décoration qu'une indication de la pente des toitures. Cette décoration était nécessaire pour servir de trait d'union entre les deux tours ; elle atteste, comme le pignon de Villefranche, la propension constante des architectes à dissimuler les faîtages aux yeux des spectateurs. L'ouverture qui y est pratiquée ne prouve rien, autant vaut apercevoir une portion du ciel à travers ses meneaux qu'un trou noir donnant dans les combles. Si l'on avait dû faire une toiture selon l'inclinaison de ce pignon, comment se fait-il qu'elle n'ait pas même eu un commencement d'exécution ?

Depuis 1496, époque de l'achèvement de l'église, jusqu'en 1562, époque des dévastations commises par les huguenots, qui durent être un obstacle à des travaux projetés, il y a près d'un siècle, pendant lequel l'Église de Lyon fut riche et puissante, et après que les plaies de la réforme furent cicatrisées sous l'administration d'archevêques haut placés, comme Mgr de Richelieu, de Marquemont, de Neufville, alors que l'influence de Paris sembla pénétrer ce diocèse inaccessible, il ne paraît pas qu'on y ait songé davantage.

Il y a à Saint-Jean, d'après M. Charvet, dans *trois clochers* sur quatre, des commencements de flèches accusées.

Quelle conclusion est-il permis de tirer de ce fait ? Que les constructeurs de ces trois clochers, ou seulement de leur partie supérieure, ont été possédé, comme on l'est aujourd'hui, de la manie d'innover, ou qu'ils ont voulu éviter le reproche

comme une terminaison normale le triangle qu'elle présente au-dessus de l'abside, triangle qui n'est pas plus dans les errements de l'architecture ogivale du nord que dans les traditions romanes de cette partie de l'édifice. Consultez, à ce sujet, la brochure non réfutable et non réfutée de M. Vays. Simples réflexions à propos des restaurations de la primatiale de Saint-Jean de Lyon. Septembre 1861. Ch. Méra, libraire.

d'imprévoyance, dans le cas où on voudrait élever un couronnement qu'ils rendaient praticable dans l'avenir et qui les touchait peu pour le moment. La suite des temps a rendu leur prévoyance inutile ; a-t-on jugé l'effet satisfaisant sans l'addition des flèches ? a-t-on jugé les flèches contraires à l'esprit de l'architecture religieuse dans nos contrées ? cela est possible ; a-t-on reculé devant un surcroît de dépenses ? je l'ignore, en tous cas, nous ignorons aussi les dimensions et le style de ces flèches projetées, et nous ne pouvons pas sans témérité en mettre aujourd'hui, qui peut-être seraient tout autres que ce qu'elles doivent être.

En consultant les anciennes vues de Lyon, on est frappé de l'absence des toits aigus et des flèches, à toutes les époques où les vues furent faites, à moins de considérer comme flèche la pyramide originale d'Ainay et celle de la Platière qui lui ressemblait beaucoup.

Dans l'ouvrage intitulé de *Tristibus Franciæ*, il se trouve plusieurs vues de Saint Jean (1562). Cette église y est représentée telle qu'elle existait encore avant le mois de juin 1561, sauf les mutilations de détails exécutées par les huguenots et la suppression plus récente et non moins déplorable du pilier qui partageait le grand portail. Sur l'une de ces vues on aperçoit la façade de Sainte-Croix ; elle ressemble à celle de Saint-Bonaventure avant les travaux qui l'ont accommodée à la mode du jour, et ses toits ont de très-faibles pentes. Dans une vue de Montbrison (même diocèse), on voit les tours de la ville, crénelées et sans faîtage, et les églises avec des clochers carrés et sans flèches.

Dans les vues d'Israël Sylvestre, dans le beau plan de 1537 dont l'original est conservé aux archives ainsi que le plan de Maupin, dans le plan de 1626, à la Bibliothèque de la ville (G), dans le panorama du quai Saint-Antoine de 1719, nous pouvons faire les mêmes remarques ; les édifices ont tous le caractère que j'indiquais comme étant traditionnel à Lyon. L'ancienne église de Saint-Just, qui jouissait d'une certaine célébrité, avait deux clochers carrés surmontés de toits peu inclinés à quatre pentes. A Saint-Paul, sur le clocher qui existe encore, s'élevait une flèche, il est vrai, mais de dimensions restreintes, comme celle de Saint-Nizier ; à Saint-Saturnin, la façade dépasse une toiture à pentes modérées. Toutes les églises ont des absides surbaissées, quelques unes comme celle de Saint-Bonaventure et celle de Belleville, ne paraissent plus élevées à l'extérieur que par une suite d'atteintes récentes à leur plan. Citons encore comme présentant le même type, les églises de Collonges, d'Orliénas, de Vernaison, de Grigny, de Ternay, de Salles, de Saint-Laurent-d'Agny, de Chessy, de Dénicé, etc.

Si les constructeurs de Saint-Jean avaient eu la pensée d'une toiture à plus forte inclinaison, ils n'auraient pas surmonté les murs latéraux de l'élégante découpure en pierre, indiquant la terminaison de l'édifice. Nous avons vu ses festons jouer librement sur l'azur du ciel, le *fond* leur donnait une grande légèreté et l'harmonie des teintes, aujourd'hui ils s'enlèvent d'une manière criarde, et sèche sur le linceul noir de l'ardoise ; ils n'ont plus de sens.

Tout ceci n'est qu'un commencement. Attendons-nous à voir Saint-Jean entièrement accommodé à la mode du Nord ; ce sera fort beau ; il n'est pas permis d'en douter ; sera-ce bien encore le Saint-Jean historique, le Saint-Jean métropole des Gaules ? j'en doute fort, et j'ai peur que des critiques sévères ne voient là qu'un pastiche maladroit des autres cathédrales, entraînant à sa suite la ruine de toutes les institutions anciennes liées à la tradition et à la vénération du passé ; et que fera-t-on de l'abside ? La relèvera-t-on aussi pour sauver cette dissonnance choquante entre sa terrasse et le triangle d'ardoise qui la surmonte, qui ne rappelle nullement les croupes absidales des cathédrales, arrondies ou à pans, imposera-t-on aussi une toiture saillante à cette terrasse pour sauver celle de la nef ? Et avec les flèches, comment loger les deux grandes croix des clochers, symboles et marques de la primauté de l'Eglise et continuation des deux croix qui sont derrière l'autel ? N'a-t-on pas le projet de les remplacer par une croix ornée, autre contre-sens, fichée sur le sommet du triangle de la toiture ? Il serait bien plus simple et plus logique à mon petit point de vue arriéré, de démolir la cathédrale et d'en rebâtir une nouvelle, ou bien, pour concilier tout le monde, de laisser notre vieille église comme elle était, avec ses rites et sa patine d'antiquité, avec les traces douloureuses des assauts que la haine du christianisme lui fit subir, avec son cortége de vieilles maisons et de vieux serviteurs, et d'élever, aux Brotteaux, une cathédrale moderne où il y aurait des flèches, des toits d'ardoise, des orgues, des fleurs, des ostensoirs de six pieds de haut, un éclairage au gaz et des calorifères. Une fois cette merveille accomplie, que l'on me permette de ne jamais y mettre les pieds.

Saint-Jean, il faut y prendre garde, ne fut pas bâti comme tant d'autres cathédrales par des laïques, c'est-à-dire, à l'aide des dons et des travaux des populations, mues par une ferveur momentanée et ayant plus de zèle que de science des règles ecclésiastiques. Au contraire, le Chapitre et les archevêques contribuèrent à peu près seuls à sa construction; l'abbé Jacques cite un grand nombre de donations faites par les chanoines, et l'on n'y rencontrait aucun tombeau ou armoiries de donateurs étrangers; il n'est donc pas étonnant que l'on y trouve une conformité plus grande à l'esprit liturgique : le Chapitre conserva dans cette entreprise les traditions abandonnées ailleurs, comme il les conserva dans ses cérémonies.

Saint-Nizier, avec son abside élevée, se présente ici comme

une sérieuse objection. Mais précisément, Saint-Nizier est un monument laïque, élevé par la bourgeoisie de Lyon, par les Renouard, les Buyer, les Thomassin, les Villars, issus de conseillers de ville, fort opposés au pouvoir du Chapitre ; donc un de ces modes de construction représente plus spécialement l'élément théocratique, l'autre l'élément de la société purement civile. L'un est un type précieux de l'église, sans mélange, l'autre un acheminement à une immixtion fâcheuse de l'élément laïque dans la société sacerdotale. Dans de justes limites, ces choses peuvent se concilier, mais n'allons pas plus loin que Saint-Nizier, et ne donnons pas Saint-Nizier comme un modèle plus parfait que Saint-Jean (H).

Dans le système des combles élevés, la toiture fait partie intégrante de l'édifice, en ce sens que son développement étant ostensible, elle doit se coordonner avec le bâtiment et ne faire avec lui qu'un tout bien proportionné ; d'où il résulte, qu'en général, cette toiture ne sera pas séparée du mur qui la supporte d'une manière trop brusque, trop accentuée.

C'est ordinairement une corniche de pierre de peu de saillie qui relie les deux parties destinées à être vues ensemble.

Il y a des exceptions, en les examinant, on verrait ou qu'elles sont disgracieuses, ou qu'elles sont des fantaisies postérieures au monument, ou qu'elles ont été motivées par des circonstances particulières d'ordonnances et de perspectives.

Dans le système de l'architecture classique ou émanant à un certain degré des pays où domine la ligne horizontale, le monument est complet sans la toiture, la toiture n'est plus qu'une nécessité que l'on dissimule autant qu'on peut. En ce cas, le mur se termine par une corniche de forte saillie qu'arrête l'œil et masque les tuiles, ou par une balustrade, une crête découpée (en pierre, les crêtes métalliques ne sont pas monumentales) ou tout autre ornement remplissant le même but. Ces crêtes découpées, qui tiennent lieu de ballustrade dans les édifices de style ogival, n'ont donc aucun sens si elles s'étalent sur un toit au lieu de le masquer et de se détacher sur le ciel et d'être comme la conclusion de l'édifice,

La toiture aiguë n'est pas naturelle, elle n'est arrivée que par une recherche de ligne contraire à la simplicité qui est l'essence du beau. Mais il faut dire aussi que certaines exigences des climats, jointes aux infractions aux règles ordinaires en faisaient une nécessité. Il y a donc eu dans les pays méridionaux et de race latine, habitués aux proportions parfaites de l'antique une persévérance remarquable à repousser ce genre de toiture. Examinons la série d'idées qui l'a amené, abstraction faite des raisons matérielles.

Etant donné le plan basilical avec son abside bien distincte, par une moins grande élévation et le plus souvent par sa forme arrondie, rien ne justifie la toiture élevée, dans le dessin de l'ensemble. Rappelons-nous, maintenant, qu'au XIIe siècle, « on vit de plus nombreux exemples de l'allongement du chœur et des transsepts. » (1) Néanmoins l'abside de Saint-Jean, commencée en 1166, ou, au plus tôt vers 1130, selon l'abbé Jacques, resta, comme dans les basiliques, la terminaison de l'édifice à l'orient et n'eut ni le *deambulatorium* ni l'anomalie non moins antiliturgique d'une chapelle absidale. Il doit exister une raison de ce fait et on la trouve facilement dans l'attachement du Chapitre à ses rites primitifs qui plaçaient au fond de l'abside le siége du prélat officiant, représentant Jésus-Christ. Au-delà il ne peut rien y avoir, et comme tout s'enchaîne dans les diocèses où on a admis cette fantaisie toute laïque du *deambulatorium*, on a également chassé l'évêque de sa place traditionnelle, pour le reléguer sur les côtés.

(1) Manuel d'architecture religieuse, par MM. Peyré et Desjardins.

Cette dérogation au plan primitif amena dans l'aspect extérieur de l'église, vue du côté du chœur, un changement non moins radical. A la perspective fort simple de l'abside, appuyée contre le mur de la nef, flanquée de contreforts à peine visibles, succèda une perspective fort compliquée de plans superposés et étayés par dimmenses arcs-boutants. Dans le premier cas, une terminaison aiguë était presque ridicule et donnait à l'église une hauteur sans proportions avec sa largeur. Dans le second cas, au contraire, il y a une série de degrés ascendants dont les profils constituent une masse pyramidale, laquelle ne peut être raisonnablement terminée que par une toiture également pyramidale, dont les pentes soient en rapport avec celle des arcs-boutants, et dont la hauteur soit suffisante pour empêcher que la base de l'édifice, élargie par les chapelles absidales, n'ait une apparence lourde et diforme. Quelques traits expliqueront mieux notre pensée, malgré notre incapacité en fait de dessin linéaire.

N° 1

Abside selon le plan basilical. L'inclinaison de la toiture, peu sensible, en harmonie avec la simplicité des lignes perpendiculaires.

N° 2

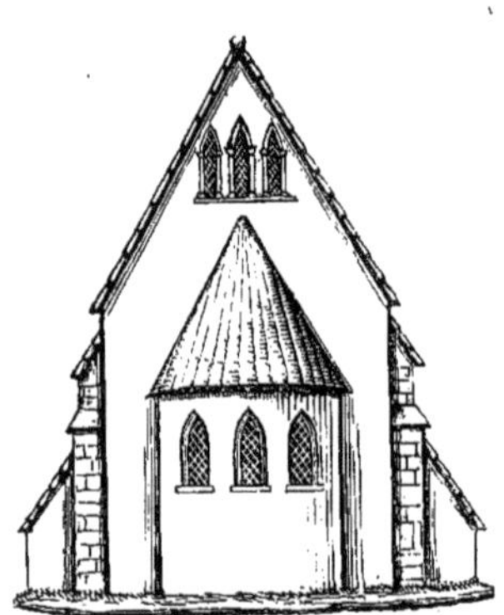

Même abside avec des toitures aigues, qui donnent à l'ensemble un aspect barbare et difforme. Ces toitures, devenues apparentes sur les côtés à cause de leur élévation, présentent aux regards une surface désagréable et écrasante pour l'édifice, quelle que soit son élévation.

N° 3

Eglise à déambulatorium dont le chœur, aussi élevé que la nef, doit être soutenu par de grands arcs boutants. Un comble aigu est la conséquence de cette disposition, et il est facile de voir qu'une toiture à angle obtus donnerait à l'ensemble un aspect tronqué et incomplet, d'autant plus que les transepts, au lieu d'aboutir à deux tours comme à Saint-Jean, forment des façades latérales ayant un grand développement, et nécessitent l'élévation de la toiture qui les dégage de l'ensemble.

Sans qu'il soit besoin d'une planche gravée, on se rendra facilement compte d'une différence radicale entre Saint-Jean et les cathédrales du nord, résultant du plan même de l'édifice, et, en raison de cette différence, on ne peut admettre à Saint-Jean les toitures élevées et apparentes qui doivent être régulières sur la surface entière de l'édifice. En effet, dans le plan des églises du nord, de Notre-Dame d'Amiens, de Chartres, de Rouen, etc., la croix formée par les transepts disparaît complètement, parce que les doubles nefs, le deambulatorium et les chapelles absidales arrivent à l'alignement de la face des transepts et les empêchent de déborder sur le profil de la nef. L'aspect général est donc celui d'une borne ou d'un cube arrondi par le sommet. Les transepts forment chacun une façade latérale, et ont un portail dont le pignon amène par la toiture un pignon analogue à celui de la façade; la croix n'existe donc plus que relativement à la grande nef et au chœur, et à l'intérieur; elle reparaît sur la toiture du chœur de la grande nef et des transepts, qui sont au même niveau, et se détache par l'éloignement de la toiture des basses nefs. Cette toiture supérieure, la plus importante, a donc un aspect régulier et produit la croix annihilée dans l'aspect des régions inférieures. A Saint-Jean, rien de semblable. Il n'y a point de façades latérales aux transepts, pas plus que des portails et la régularité de la toiture supérieure est contrariée par les tours élevées au-dessus d'eux, et par la terrasse de l'abside. On ne pourrait amener la toiture élevée de la grande nef, ni sur l'abside qui est trop bas, ce qui amènerait la destruction de la grande rose au-dessus de l'arc du chœur, ni contre les tours dont elle gâterait l'ordonnance, et dont elle diminuerait les proportions. Cette toiture reste donc un parallélogramme isolé, n'ayant que l'apparence de la couverture quelconque d'un édifice banal, et ne reproduisant plus la croix. Or, quand une toiture n'est qu'une nécessité, il faut la dissimuler aux regards et non en écraser l'édifice; quand elle fait corps avec l'ensemble architectural, elle doit en accuser nettement le plan et les dispositions générales, se relier à lui, en être comme le produit obligé, comme la conséquence de l'ordonnance des assises inférieures du monument.

On peut donc établir en principe que, toute église conforme au plan basilical, c'est-à-dire sans deambulatorium, avec l'abside surbaissée et les flancs étayés par de simples contreforts, ou par des arcs-boutants peu étendus, doit avoir une toiture à faible pente, dont le pignon apparent présentera un angle analogue à celui des frontons antiques, sauf les cas où des raisons matérielles imposeraient une dérogation à cette loi. M. Desjardins nous en fournit une preuve dans son Manuel d'architecture cité plus haut.

Les planches X et XI de cet excellent ouvrage représentent les façades latérales de Saint-Jean, de Saint-Ouen, de Saint-Nizier et de Saint-Eustache. Or, à Saint-Jean et à Saint-Nizier, les chaperons des arcs-boutants qui sont peu développés, ont une pente très-faible, indice sûr de la pente normale de la toiture, sans quoi on aurait en profil une succession de lignes brisées d'une manière choquante, au lieu d'une succession correcte de deux lignes presque parallèles.

A Saint-Ouen et à Saint-Eustache, les arcs-boutants ont une grande portée, et leurs chaperons, fortement inclinés, préparent l'œil à l'inclinaison rapide des toitures. Tout ceci est rationnel; intervertir cet ordre, c'est poser une négation des règles absolues du beau. Des toitures aiguës à Saint-Jean et à Saint-Nizier sont aussi contradictoires avec les proportions générales de ces églises, que des toitures plates à Saint-Ouen et à Saint-Eustache. Remarquons encore d'après les mêmes planches, qu'à Saint-Jean, les grandes fenêtres de la nef, qui sont du XIIIe siècle, sont terminées par trois roses à lobes circulaires, inscrites dans l'ogive, et non par des meneaux aigus et ascendants comme à Saint-Ouen, indice de plus que les formes du Nord, que les tendances au style des hauteurs exagérées, n'étaient pas dans la pensée des constructeurs.

Quant aux façades, en examinant les plus célèbres cathédrales que nous a léguées le moyen âge, même dans le Nord, on sera convaincu que leurs architectes regardaient l'acuité des toitures comme une faute de proportions, car ils ont presque toujours eu soin de les dissimuler, dans cette partie importante de l'édifice, par une ligne horizontale, et si à Saint-Jean on trouve ce malheureux pignon, il ne faut pas se méprendre sur les raisons qui l'y ont fait mettre, il faut en rejeter le blâme sur les novateurs du XVe siècle, qui ont voulu, comme ceux du XIXe, accommoder à leur façon la vieille basilique (I).

NOTES.

(A) La croix de l'autel doit dépasser les chandeliers et avoir un Christ. Les chandeliers doivent avoir le pied triangulaire, excepté ceux des acolytes dont le pied est rond. Les cierges doivent avoir la hauteur des chandeliers. L'intérieur du tabernacle ne doit pas être revêtu de papier peint, mais d'une étoffe précieuse de couleur blanche, sa clef doit être ornée d'un gland d'or. Il ne doit y avoir à l'autel qu'un gradin, tenant au contre-autel (dans le cas où l'autel a un tabernacle).

Au-dessus de l'autel de Saint-Jean, il y avait un dais, recouvrant tout l'intérieur de la ballustrade, et élevé au-dessus des six chandeliers de l'autel et suspendu par une corde. Ce souvenir du *ciborium* des basiliques y était encore sous Mgr de Pins. Les deux croix de derrière doivent dominer les chandeliers de l'autel.

Voir Bocquillot, *Traité de la liturgie*, 1701. Cet auteur entre dans de grands détails au sujet des autels.

Avant le IXe siècle, on mettait les reliques sous la table sacrée et au dedans de l'autel, dans les baptistères et les sacristies, dans les armoires faites dans les murs à droite ou à gauche de l'autel ou dans des chapelles particulières, mais jamais sur la table sacrée, que l'on *considérait comme un thrône uniquement destiné et consacré à Jésus-Christ, et qui ne devait être rempli et occupé que par lui seul.* (id. p. 97.) On n'y mettait non plus ni chandeliers, ni images, ni vases de fleurs. On se servait beaucoup de chandeliers, de cierges et de fleurs pour le plus grand ornement de l'Eglise, mais jamais on ne les mit sur la Sainte-Table pendant les 12 premiers siècles.

« Depuis même que les religieuses, par une piété plus digne de leur sexe que de la gravité de nos mystères, se sont avisées d'y mettre des vases de fleurs naturelles et artificielles, leur exemple n'a été suivi que dans les églises des mendiants et dans les paroisses de la campagne, où pour l'ordinaire ce sont des femmes dévotes qui ornent les autels..... Il faut donc s'en tenir à l'ancien usage. Persuadés comme nos saints pères que la Table-Sainte est uniquement consacrée pour le sacrifice, et qu'on n'y doit rien mettre de superflu. » (Id. p. 103).

« Je voudrais qu'on ne défigurât point l'autel du Seigneur à force de le vouloir parer. » (Id.)

Le Concile d'Aix, en 1585, fit plusieurs règlements au sujet des autels. On y trouve entre autres choses : 1° qu'on ne doit point en mettre sous la chaire, sous le jubé, ni sous les orgues, ni à un pilier, ni tourné à l'opposite du grand autel, ni trop près des portes; 2° qu'il doit y avoir une grille ou ballustre afin d'empêcher les laïques d'en approcher. Que l'autel sera couvert de trois nappes, dont l'une descendra jusqu'à terre, et que devant il y aura un parement convenable au jour; 3° qu'il y aura une croix au milieu de l'autel avec deux chandeliers. Le Concile de Cologne, en 1280, recommanda de mettre un dais au-dessus, enfin d'empêcher la poussière de la voûte de le salir.

On doit pouvoir faire le tour de l'autel. Bocquillot, appuyé sur les témoignages les plus certains, blâme l'usage récent de les plaquer contre la muraille au fond de l'Eglise pour appuyer de grands tabernacles dorés, « si fort à la mode dans notre siècle, et si peu connus des anciens,» il blâme ces « grandes machines d'architecture ou de menuiserie qu'on appelle rétables, voilà comme se changent les usages les plus anciens, les plus universels et les plus commodes, ce n'est que depuis les changements arrivés aux chœurs des églises, que l'on a pensé à ces ornements nouveaux. »

« On a mis aussi des gradins sur l'autel en quelques unes de ces églises. » Ces gradins servent à mettre des chandeliers qui sont d'un usage récent.

(B) L'ancienne église de Sainte-Croix, réédifiée en 1434, était l'église où se faisait le service paroissial et où l'on déposait le

Saint-Sacrement. La chapelle de la Croix qui l'a remplacée depuis sa destruction, était autrefois sous le vocable de Notre-Dame-du-Haut-Don.

(C) « L'autel doit être préparé proprement, sans superfluité, quatre ou six chandeliers selon la solennité ; plus un autel est simple, plus il est beau ; ainsi l'Eglise de Lyon condamne volontiers les fleurs naturelles et les artificielles, qui ne font qu'attirer, en été, des insectes et des araignées en hiver, qui séjournent dans les fleurs artificielles, c'est en quoi les autels de Lyon, séparés du mur, sont toujours parés et propres. »

. . . .

. . . .

« On met à Lyon, sur le milieu de l'autel, un coussin avec le texte. »

Lettre d'un curé, du diocèse de Lyon, qui explique les cérémonies de l'usage de Lyon. Lyon, 1702.

Dans les basiliques comme aussi à Saint-Jean, avant la Révolution, le sanctuaire était séparé du chœur par des ballustrades ou grilles appelées *Cancelli* et plus élevé que le sol de la nef. Pendant une partie de la célébration des mystères, il était voilé au public par un voile en tapisserie. On retrouve le souvenir de cet usage dans le voile que l'on met devant le Saint-Sacrement pendant le sermon.

La table de pierre de l'autel était portée sur quatre colonnes, lorsque les reliques étaient conservées dans une crypte au-dessous de l'autel.

(D) « La manière d'exposer le Saint-Sacrement dans les ostensoirs n'est pas ancienne. Le concile de Cologne de 1452 en fait mention le premier, et Nicolas de Cusa, cardinal légat, qui présidait ce concile, ordonna qu'il ne serait à l'avenir exposé et porté processionnellement que pour la fête du Saint-Sacrement, et hors de là une fois seulement chaque année, par permission expresse et pour quelque nécessité pressante. »

Albert Krantzius, parlant de cette ordonnance, dit qu'elle fut faite pour supprimer l'abus d'exposer le Saint-Sacrement tous les jeudis, ce qui diminuait « l'extrême révérence due à un si grand mystère, vu principalement que l'Eucharistie n'a pas été instituée par Jésus-Christ, pour être mise en parade, mais pour servir de nourriture aux fidèles. »

Plusieurs théologiens et plusieurs conciles se sont élevés contre l'usage d'exposer trop souvent le Saint-Sacrement.

La pratique de donner la bénédiction avec le Saint-Sacrement est encore plus récente et ne remonte guère qu'au XVIIe siècle. (Grancolas. L'Ancien sacramentaire de l'Eglise, *passim.*) »

(E) Les couleurs des parements sont : blanc, de Pâques à la Pentecôte ; rouge, de la Pentecôte à l'Avent et de Noël à la Septuagésime; violet, pendant l'Avent et de la Septuagésime au Carême. cendré, pendant le Carême excepté les dimanches où ils sont violets, et le quatrième dimanche, où ils sont verts; blancs, pour les fêtes de Notre-Seigneur, de la sainte Vierge et des saints docteurs ; jaunes, pour les pontifes ; rouges, pour les apôtres et les martyrs ; verts, pour les saints prêtres et pour la fête de saint Just ; noirs, pour les morts. A Saint-Jean, pendant le carême, on met un devant d'autel en laine blanche avec une croix violette.

(F) Partout ailleurs qu'en Lyonnais, le pouvoir religieux ou ecclésiastique pour parler plus catégoriquement, fut de bonne heure absorbé ou dominé par le pouvoir laïque des souverains et des seigneurs. Ce ne fut qu'en 1310 que l'archevêque de Lyon cessa d'être souverain du Lyonnais, et ce fait, d'une domination purement ecclésiastique en France et au XIVe siècle, est à remarquer dans la question que nous traitons en ce moment.

Après 1310, diverses causes, parmi lesquelles on doit ranger le rang hiérarchique de l'archevêque primat et la puissance féodale du Chapitre, firent que cette puissance ecclésiastique bien qu'abattue en fait, continua d'exercer un grand prestige et de jouir d'une grande autorité.

Il en résulte que les architectes novateurs , peu soucieux de liturgie, cherchant au contraire à satisfaire la vanité des puissances de la terre par de nouvelles formes ou par l'altération des anciennes, ne trouvèrent aucun obstacle dans le nord et furent arrêtés dans la région lyonnaise, sinon par des règles précises, au moins par des traditions respectées et par une excessive répugnance à adopter des changements brusques, heurtant de front les souvenirs et les idées d'esthétique des natures méridionales.

La grande cathédrale du nord représente la force brutale et insouciante du passé, l'invasion du laïcisme dans l'Eglise. Les formes aiguës, la profusion des détails sont l'expression de l'inquiétude et de la confusion issues de l'esprit d'examen et du mysticisme ardent aux nouveautés des races conquérantes. Le plein ceintre, la ligne calme et horizontale, représentant la foi sûre d'elle-même et l'esprit de la tradition. L'angle aigu, c'est la dissonance, la musique moderne. L'angle obtus et le ceintre modéré, unis à la ligne horizontale et aux teintes harmonieuses de la pierre c'est l'accord parfait, c'est le repos que ne doit pas troubler la septième importune des flèches et des ardoises. Les grandes assises de pierre dure, les masses graves, lourdes même de l'architecture méridionale sont les symboles de la durée de l'éternité. La prééminence du bois et des découpures dans les grands combles est le symbole de l'art provisoire des peuples nomades sans cesse à la recherche de l'inconnu.

(G) A Lyon, par Claude Savary et Barthélemy Gaultier, peint par Abraham Valerius. 1625.

Ce plan est fort curieux et de plus fort rare. — Sur le pont du Rhône, en avant du pont levis, du côté du levant et sur le parapet du nord, est une colonne fleurdelisée, surmontée d'un globe également fleurdelisé.

Voici les principaux caractères que présentent les églises et chapelles figurées sur ce plan :

Saint-Laurent et *Saint-Roch* ont l'abside surbaissée, un clocheton à jour sur le pignon qui dépasse le faîtage au-dessus de l'abside ; disposition commune à la plus grande partie des chapelles du Lyonnais. C'est peut-être une réminiscence italienne, et, en tout cas, elle est toujours d'un excellent effet dans le paysage On la retrouve à la chapelle de *Saint-Michel*, sans abside, mais avec les trois ouvertures au-dessus de l'autel. En voici le trait.

Saint-Irénée. Abside surbaissée de forme carrée. Au-dessus sont les deux fenêtres et une rose dans le pignon, comme à St-Michel.

Saint-Just. Deux clochers carrés.

Les Minimes ont une flèche.

Saint-Georges. L'abside paraît plus élevée que la nef et a une toiture aiguë. M. Bossan, dans la réédification de cette église, n'aurait fait, d'après cela, que se conformer à son ancienne architecture.

Saint-Jean est pareil au Saint-Jean d'aujourd'hui, ou plutôt au Saint-Jean d'hier, c'est-à-dire avant la toiture qui le raye, provisoirement nous l'espérons, de la nomenclature des édifices lyonnais. La toiture semble plus apparente sur les tours de la façade.

Saint-Etienne. L'abside ne paraît pas sur cette gravure.

Sainte-Croix. L'abside au niveau de la nef. (Cette église avait été refaite en 1454). Au nord est un campanile carré, terminé par une espèce de belvéder.

Sainte-Claire. Grand bâtiment carré. Clocheton et flèche sur la croupe.

Les Célestins. Abside surbaissée. Clocheton et flèche au milieu de la croupe.

Les Jacobins. Abside surbaissée. Clocheton carré surmonté d'une galerie masquant le toit.

Saint-Antoine. De même. Un campanile carré sur le pignon, qui déborde le toit de ce côté.

La Platière. Abside surbaissée. Au-dessus est un clocher carré avec un faîtage pyramidal flanqué de quatre cornes, comme à Ainay.

Les Cordeliers. Comme ils existent encore, avec le clocher carré éminemment lyonnais et surmonté de son clocheton au-dessus de la toiture. Il est à craindre que ce clocher, d'un type d'autant plus précieux, qu'il commence à devenir plus rare, ne disparaisse un de ces jours, car cette paroisse semble rouler à grandes guides sur la route des innovations. Elle est éclairée au gaz au moyen de candelabres du dernier genre, et, à certaines solennités, le sanctuaire lui-même est encombré de décorations fort curieuses. En résumé, on voit qu'à l'époque de ce plan, les seules églises ayant des flèches, étaient des églises d'ordres religieux.

(H) A Saint-Maurice-de-Vienne, l'abside est aussi élevée que la nef, et précisément cette cathédrale fut élevée par une corporation laïque de constructeurs. A Saint-André-le-Bas, église basilicale, l'abside est plus basse. (V. Chronique religieuse de Vienne, par M. Mermet, 1856.) Relativement à Saint-Nizier, il faut observer une circonstance atténuante ; c'est que cette église était une collégiale, c'est-à-dire une église desservie par des chanoines, mais, n'ayant pas de siége épiscopal. Il y avait quatre collégiales à Lyon, dont les chanoines portaient la mitre pour officier.

(I) A Notre-Dame-de-Paris, la toiture du côté de la façade est masquée par une galerie horizontale entre les deux tours. A Rouen, la toiture n'est pas apparente sur la façade. A Amiens, une galerie de cinq arcades, surmontant la grande rose, masque le pignon de la toiture, dont on n'aperçoit que la pointe extrême par-dessus la galerie. A Sainte-Gudule-de-Bruxelles, la façade, au contraire, est terminée par un pignon aigu en harmonie avec tout le système de décoration ; car il n'y a pas de rose au-dessus du portrait principal, mais une fenêtre ogivale à sept meneaux, et le pignon, au lieu de surmonter et d'égaler la hauteur des tours est dominé par elles.

A Toul, il y a un pignon surmonté d'un campanile et plus élevé que la toiture. Les deux tours sont terminées par une ballustrade et sans flèches,

Au Puy-en-Velay, la façade de style roman est peu ornée; elle a un pignon indicatif de la toiture, mais à pentes modérées, et point de tours sur les côtés.

A Notre-Dame-de-Dijon, la toiture est entièrement dissimulée par deux galeries horizontales superposées au-dessus des trois portails.

A Notre-Dame-de-Poitiers, l'ensemble de la façade a un caractère tout-à-fait particulier, il y a des pignons apparents pour la toiture des trois nefs, dont les angles sont peu aigus et qui sont acostés de deux tourelles.

A Laon, à Rheims, à Bourges, à Tulle, à Chartres, à Orléans, à Amiens, le point de départ des toitures est masqué par des galeries horizontales : à Strasbourg également.

A Notre-Dame-de-Brou, les pignons des trois nefs sont apparents sur la façade, mais ils sont d'un dessin tourmenté comme pour corriger l'aspect disgracieux des triangles. Cette façade, d'ailleurs, appartient à la décadence de l'art ogival.

FIN DES NOTES.

APPENDICE SUR LES CLOCHES ET LES BASILIQUES.

Lorsque l'usage des cloches eut commencé à s'introduire, on se contenta d'une seule cloche, mais lorsque la fonte fut devenue plus commune, on voulut en avoir davantage et de plus grosses, de là la nécessité d'augmenter la dimension des clochers. Le nombre et la grosseur des cloches servit pour marquer la différence des offices. La fonction de sonner les cloches était dévolue aux prêtres, qui peu à peu se déchargèrent de ce soin sur les clercs, et cette fonction fut encore plus avilie depuis la fabrication des cloches monstrueuses, exigeant pour les sonner des hommes de travail forts et robustes. C'est pourquoi il y eut dans les cathédrales et collégiales bien réglées, deux clochers, « un petit pour les petites cloches à l'entrée du chœur , qu'un clerc en surplis sonne régulièrement à toutes les heures de l'office, et un autre à l'entrée de l'église où sont les grosses cloches que les laïques sonnent quand il le faut, selon les avertissements qu'ils reçoivent par les divers sons des petites » (Bocquillot, *Traité de la liturgie* page 377).

Ce passage nous donne la clef de deux choses : premièrement c'est que les besoins de l'Eglise ne nécessitant qu'un seul clocher pour les grosses cloches, le clergé ne se mit pas en peine de faire achever la seconde tour, lorsqu'il s'en trouvait deux dans les plans des architectes, et de là vient que dans beaucoup de cathédrales, il y a une tour inachevée ou construite d'après un dessin différent et moins important que la première.

En second lieu, le mode de sonnerie , usité à Saint-Jean-de-Lyon, semble un reste de cet ordre ancien qui voulait que les grosses cloches destinées à appeler les fidèles ne fussent mises en mouvement qu'après le signal donné par les petites cloches règlementaires. En effet, lorsqu'on sonne la grosse cloche, elle ne commence à se faire entendre qu'après un début et comme un préambule des autres qui continuent à carillonner pendant les volées de la grosse. Ce n'est que depuis fort peu de temps que l'on a dérogé à cet usage, sans doute parce qu'on ne se rendait pas compte de ses origines.

Rien dans les anciens auteurs n'indique la forme des premières églises, on ne peut en juger que par la manière dont elles furent rétablies ou rebâties par Constantin. Car il y a beaucoup d'apparence, d'après les historiens Eusèbe et Sosomène, qu'on les rebâtit à peu près comme elles étaient auparavant, avec plus de magnificence (voyez Bocquillot, *Traité de la liturgie*, 1701. p. 52).

On entrait dans l'église par trois portes, tournées à l'orient vis-à-vis des fontaines de la cour. Celle du milieu était plus haute et plus large. Le dedans de l'église était bien éclairé. « Au fond, on voyait des siéges fort élevés pour les prêtres et un trône au milieu pour l'évêque ; il n'y avait jamais qu'un seul autel, que les siéges disposés en demi-cercle enfermaient par derrière, en sorte que l'évêque, en priant était tourné à l'orient, et regardait le peuple en face. »

Les Eglises d'Occident, c'est-à-dire celles de Rome et des Gaules, eurent une forme à peu près semblable, mais plusieurs furent tournées en sens inverse, le portail regardant l'occident. En haut de la nef, était le chœur des chantres, séparé par des ballustrades de la nef et des nefs latérales. Là se trouvait l'ambon ou tribune, élevée de quatre à cinq degrés, pouvant contenir environ huit personnes. Il était toujours à droite du presbytère et à gauche de ceux qui entraient.

Du chœur des chantres, on montait par quelques degrés dans le sanctuaire, environné du *cancel* ou ballustrade à jour. Là était l'autel, surmonté du *ciborium*. Au-delà était le *presbytère* et au fond le trône épiscopal. Cette partie de l'église était *voûtée* et s'appelait *abside* parce qu'elle était faite en arc. (id. *passim.*)

Les anciennes églises des Gaules eurent différentes formes, mais toutes avaient une abside comme à Rome, jusqu'à ce que l'invasion de l'art laïque, faussement regardé comme le prototype de l'art religieux, eut introduit l'égalité de hauteur dans toute l'église, et le *deambulatorium* qui détruisirent l'abside.

En remplaçant les clôtures basses et à jour par les jubés fermant le chœur complètement, on amena l'abus de l'introduction des laïques dans le chœur pour qu'ils pussent voir les cérémonies; la clôture du chœur fut amenée par le besoin de se garantir des rigueurs excessives de l'hiver pendant la longueur des offices (id. *passim* et *Thiers.*) Les jubés furent introduits avec les autres altérations de l'architecture ecclésiastique vers le XIIe siècle.

« Anciennement, on bâtissait les églises et on dressait les autels du côté de l'orient, nous l'apprenions de Tertulien, de saint Paulin et des autres Pères des premiers siècles. Ils déclarent que les chrétiens, en priant, regardent toujours vers l'orient, parce que Jésus-Christ « est appelé Orient, dans les Ecritures..... *Ecce vir Oriens nomen ejus*;... Les Juifs au contraire priaient vers l'occident. Ce qui marquait que leur loi n'était qu'une ombre et une figure; » ... Saint Charles Borromée veut, qu'en bâtissant de nouvelles églises « on se conforme à cet ancien usage..., et qu'on les dispose de telle sorte que le prêtre qui célèbre au grand autel regarde vers l'orient. »

« Cependant on se dispense souvent, sans beaucoup de nécessité, de cet usage consacré par la suite de tant de siècles...on aime mieux qu'une église soit conforme aux modes du siècle qu'à la vénérable antiquité, et pour ménager quelques pouces de terrain, on néglige de suivre les instructions des saints Pères et les canons des conciles. »

« On avait soin encore qu'elles fussent séparées de toutes sortes de bâtimen.s profanes, qu'on n'adossât rien contre leurs murs qui eût rapport au siècle, et qu'on ne s'en servît point pour des intérêts temporels. »

Girard de Ville-Thierry. *Des églises et des temples des chrétiens*, Paris, 1706.

Les femmes ne doivent pas entrer dans le chœur pendant l'office divin, et on devrait même en exclure toutes sortes de laïques si cela était possible. Telles sont les dispositions du concile de Laodicée, du concile de Rome sous Eugène second, du second concile de Tours. Jacques Chatellier, évêque de Paris, au XVe siècle, défendit la présence des femmes dans le chœur sous peine d'excomunication, aujourd'hui on y admet des actrices.

On ne doit point vendre à la porte des églises, ni sous le vestibule ou portique, ni dans les cimetières. On ne doit point y faire des assemblées pour des choses profanes.

Malgré toute mon envie de ne pas abuser des citations, j'en ajouterai ici quelques unes tirées du *Dictionnaire d'architecture* de M. Viollet-Leduc. Ce remarquable ouvrage interviendra fort à propos, et comme on a attaqué ses opinions et son autorité en faveur des modifications faites à Saint-Jean, nous serons fort heureux de montrer, par le texte même de son livre, que ses doctrines ne diffèrent pas essentiellement des nôtres.

« Dans le midi de la France, la disposition de l'abside de la « basilique antique, se conserva plus longtemps que dans le « nord. »

Nous avons dit que le plan anti-basilical des grandes églises du Nord était dû à une influence laïque ; M. Viollet-Leduc confirme pleinement cette assertion. Il cite comme *maîtres de l'œuvre* ou *architectes laïques*, Robert de Luzarches et Thomas de Cormont, qui bâtirent la cathédrale de Chartres au XIIIe siècle ; Pierre de Montreuil, pour la Sainte-Chapelle, en 1240 ; Libergier, pour Saint-Nicaise de Reims, 1229 ; Jean de Chelles, pour Notre-Dame de Paris, 1257 ; Erwin de Steinbach, pour Strasbourg, 1277 ; Pierre de Corbie et Villard de Honnecourt, au XIIIe siècle.

« C'est surtout dans le nord de la France que l'on recruta des « artistes pour élever des édifices dans le goût *nouveau.* »

(Tom. I, page 114).

Au XIIe siècle, la révolte des communes détruisit la prépondérance de l'architecture monastique, qui, elle-même, avait dégénéré par trop de luxe, et que saint Bernard avait voulu ramener à la gravité primitive. L'architecture, dès lors, se lança dans des voies nouvelles entre les mains des corporations laïques.

(*Vide passim*, tom. I, pp. 126 et 127).

« Comme seigneurs féodaux (dans le domaine royal), les évê- « ques se trouvaient dans le siècle, ils n'avaient ni le pouvoir, ni « surtout la volonté de conserver les formes de l'architecture « consacrées par la tradition. »

(Tom. I, p. 220).

De même que chaque vassal du Roi cherchait à élever un château supérieur en force et en étendue à ceux qui relevaient de lui, de même chaque évêque cherchait, par le même mobile d'amour-propre, à élever une cathédrale plus grande que celles des autres diocèses, et surtout que les églises abbatiales, plutôt que de conformer leur grandeur aux besoins des fidèles. De là cette foule d'édifices somptueux, élevés avec précipitation, négligence et parcimonie de matériaux, et en vue d'un effet momentané. Ce fait se reproduit de nos jours.

(*Vide passim*, tom. I, p. 220).

On s'est fait illusion sur l'empressement du peuple à élever les grandes cathédrales ; ce zèle venait plus d'une idée de protestation contre la féodalité que d'un zèle pieux.

« Nous ne prétendons pas démontrer que la foi n'entra pas

« pour une grande part dans le mouvement, mais il s'y joignait « un instinct très-juste d'unité, de constitution civile. »

« Les cathédrales sont des monuments religieux, mais ils « sont surtout des édifices nationaux. »

(Id. tom. II, p. 281).

C'est précisément le contraire à Lyon, que M. Viollet-Leduc connaît fort peu, et où la cathédrale était un édifice exclusivement religieux.

Le clergé ne tarda pas à s'apercevoir de l'inconvénient de laisser le public circuler autour du sanctuaire et porter un regard scrutateur sur ce qui s'y passait, et vers la fin du XIIIe siècle on établit les clôtures de chœur et les jubés.

La cathédrale de Bourges n'a pas de transepts et ne forme pas une croix dans son plan. Elle a le caractère d'une salle destinée à un usage civil plutôt que d'une église. Les églises au XIIe siècle n'étaient pas « seulement destinées au culte, on y tenait des « assemblées, on y discutait, on y représentait des mystères, on « y plaidait, on y vendait, et les divertissements profanes n'en « étaient pas exclus. »

(Id. tom. II, p. 298).

La très-forte inclinaison des arcs-boutants de la cathédrale de Bourges les met sur une ligne à peu près parallèle à celle de l'inclinaison de la toiture.

M. Viollet-Leduc ne croit pas que la hauteur exagérée des nefs soit due à une idée de symbolisme, mais à une nécessité architecturale. (*Vide*, tom. I, p. 187).

Les architectes du XIIIe siècle, en employant l'ardoise, avaient soin de la poser de manière à obtenir quelque variété d'effet et moins de monotonie de tons, en combinant ses reflets selon la pose et en la taillant de différentes formes. L'emploi de l'ardoise ne devint général qu'à la fin du XIIIe siècle ; avant, on préférait la tuile couverte d'émaux de diverses couleurs, « d'un aspect « beaucoup plus riche et monumental. »

(Id. p. 453. *Passim*).

Malgré l'abandon de la tuile, « la Bourgogne, l'Auvergne, le « Lyonnais et la Provence lui restèrent fidèles. »

(Id. tom. 5, p. 279).

« Tant que le clergé maintint les anciennes traditions, et jusqu'au moment où il fut entraîné par le goût quelque peu désordonné du XVIe siècle, il sut conserver à l'autel sa signification première..... Toujours simple de forme, que sa matière fût précieuse ou commune, il était entouré de tout ce qui devait le faire paraître saint aux yeux des fidèles, sans que les accessoires lui ôtassent le caractère de simplicité et de pureté que le faux goût des derniers siècles lui ont enlevé. »

(Id. t. II, p. 22.

« Dans les églises cathédrales, le maître-autel non seulement « était simple de forme, mais souvent même il était dépourvu de « rétable. » (Id. id. p. 22).

Avant que l'usage des grosses cloches fût devenu général, on éleva partout, sur le devant des églises, des tours massives servant de trésor. On y mit accessoirement les cloches rares et petites dans le commencement. Le clocher était donc une défense et une marque de puissance féodale. Saint Bernard condamna le luxe développé plus tard dans la construction des clochers. Ils étaient « bien plutôt des édifices fastueux, l'orgueil des cités et des mo- « nastères, que des tours destinées à recevoir des cloches. »

(Id. t. III, p. 382).

www.ingramcontent.com/pod-product-compliance
Ingram Content Group UK Ltd.
Pitfield, Milton Keynes, MK11 3LW, UK
UKHW021023180726
13838UKWH00004B/1609

9 782329 404059